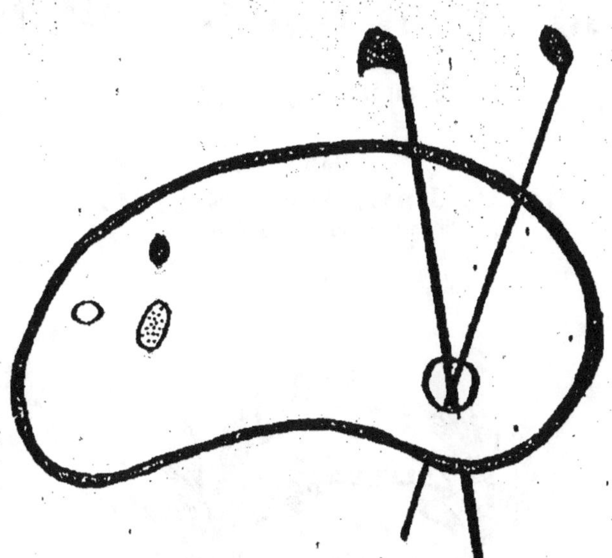

DEBUT D'UNE SERIE DE DOCUMENTS
EN COULEUR

La Persécution religieuse en Allemagne
1872-1879

Le Clergé et les Catholiques

Monographie

PAR

le P. Paul BERNARD
de la Compagnie de Jésus

II

PARIS
LIBRAIRIE BLOUD & Cie
4, RUE MADAME ET RUE DE RENNES, 59
1903

SCIENCE ET RELIGION

Études pour le temps présent. — Prix : 0 fr. 60 le vol.

— **Certitudes scientifiques et certitudes philosophiques**, par le R. P. DE LA BARRE, S. J., prof. à l'Institut catholique de Paris. 1 vol.
— *Du même auteur :* **L'Ordre de la nature et le Miracle.** 1 vol.
— **L'Ame de l'homme**, par J. GUIBERT, supérieur du séminaire de l'Institut catholique de Paris. 1 vol.
— **Faut-il une religion ?** par l'abbé GUYOT. 1 vol.
— *Du même auteur :* **Pourquoi y a-t-il des hommes qui ne professent aucune religion ?** 1 vol.
— **Nécessité scientifique de l'existence de Dieu**, par P. COURBET. 1 vol.
— *Du même auteur :* **Jésus-Christ est Dieu.** 1 vol.
　　　　　id. 　　**Convenance scientifique de l'Incarnation.** 1 vol.
— **Études sur la pluralité des mondes habités et le dogme de l'Incarnation**, par le R. P. ORTOLAN.
I. — *L'Epanouissement de la vie organique à travers les plaines de l'infini.* 1 vol.
II. — *Soleils et terres célestes.* 1 vol.
III. — *Les Humanités astrales et l'Incarnation.* 1 vol.
— *Du même auteur :* **La Fausse Science contemporaine et les Mystères d'Outre-tombe.** 1 vol.
　　　　　id. 　　**Vie et Matière ou Matérialisme et spiritualisme en présence de la Cristallogénie.** 1 vol.
　　　　　id. 　　**Matérialistes et Musiciens.** 1 vol.
— **L'Au-delà ou la Vie future d'après la foi et la science**, par l'abbé J. LAXENAIRE. 1 vol.
— **Le Mystère de l'Eucharistie. — Aperçu scientifique**, par l'abbé CONSTANT. 1 vol.
— *Du même auteur :* **Le Mal, sa nature, son origine, sa réparation.** 1 vol.
— **L'Eglise catholique et les Protestants**, par O. ROMAIN. 1 vol.
— *Du même auteur :* **L'Inquisition, son rôle religieux, politique et social.** 1 vol.
— **Mahomet et son œuvre**, par I. L. GONDAL, professeur d'apologétique et d'histoire au séminaire Saint-Sulpice. 1 vol.
— *Du même auteur :* **L'Eglise Russe.** 1 vol.
— **Christianisme et Bouddhisme** (*Études orientales*), par l'abbé THOMAS, vicaire général de Verdun. 2 vol.
— *Du même auteur :* **Dieu auteur de la vie.** 1 vol.
　　　　　id. 　　**La Fin du monde d'après la Foi.** 1 vol.
— **Où en est l'hypnotisme, son histoire, sa nature et ses dangers**, par A. JEANNIARD DU DOT, auteur du *Spiritisme dévoilé.* 1 vol.
— *Du même auteur :* **Où en est le Spiritisme.** 1 vol.
　　　　　id. 　　**L'Hypnotisme et la science catholique**, 1 vol.
　　　　　id. 　　**L'Hypnotisme transcendant en face de la philosophie chrétienne.** 1 vol.

— **L'Apologétique historique au XIX⁴ siècle. La Critique irréligieuse de Renan**, etc., par l'abbé Ch. Denis. 1 vol.

— **Nature et Histoire de la liberté de conscience**, par l'abbé Canet. 1 vol.

— **L'Animal raisonnable et l'Animal tout court**, par C. de Kirwan. 1 vol.

— **La Conception catholique de l'Enfer**, par l'abbé Brémond. 1 vol.

— **L'Attitude du catholique devant la Science**, par G. Fonsegrive. 1 vol.

— *Du même auteur :* **Le Catholicisme et la Religion de l'Esprit.** 1 vol.

— **Du Doute à la Foi**, par le R. P. Tournebize, S. J. 1 vol.

— *Du même auteur :* **Opinions du jour sur les peines d'outre-tombe.** 1 vol.

— **La Synagogue moderne, sa doctrine et son culte**, par A. F. Saubin. 1 vol.

— *Du même auteur :* **Le Talmud et la Synagogue moderne**, 1 vol.

— **Evolution et Immutabilité de la doctrine religieuse dans l'Eglise**, par M. Prunier, supérieur de grand séminaire, 1 vol.

— **L. Religion spirite, son dogme, sa morale et ses pratiques**, par J. Bricand. 1 vol.

— *Du même auteur :* **L'Occultisme ancien et moderne.** 1 vol.

— **L'Hypnotisme franc et l'Hypnotisme vrai**, par le Docteur Hélot. 1 vol.

— **L'Eglise et le Travail manuel**, par l'abbé Sabatier. 1 vol.

— **Unité de l'espèce humaine**, *prouvée par la similarité des conceptions et des créations de l'homme*, p. le marquis de Nadaillac. 1 vol.

— *Du même auteur :* **L'Homme et le Singe.** 2 vol.

— **Le Socialisme contemporain et la Propriété**, par M. G. Ardant. 1 vol.

— **Pourquoi le Roman à la mode est-il immoral et pourquoi le Roman moral n'est-il pas à la mode ?** p. G. d'Azambuja. 1 vol.

— **Comment se sont formés les Evangiles ?** par le P. Th. Calmes, professeur au grand séminaire de Rouen. 1 vol.

— **L'Impôt et les Théologiens**, *Etude philosophique, morale et économique*, par le comte de Vorges, ancien ministre plénipotentiaire, membre de l'Académie de Saint-Thomas, etc., etc. 1 vol.

— *Du même auteur :* **Les Ressorts de la Volonté et le libre arbitre.** 1 vol.

— **Nécessité mathématique de l'existence de Dieu**, *Explications. — Opinions, Démonstrations*, par René de Clère. 1 vol.

— **Saint Thomas et la Question juive**, par Simon Deploige, professeur de l'Université Catholique de Louvain. 1 vol.

— **Premiers principes de Sociologie Catholique**, par l'abbé Naudet. 1 vol.

— **La Patrie.** — *Aperçu philosophique et historique*, par J. M. Villefranche. 1 vol.

— **Le Déluge de Noé et les races Prédiluviennes**, par C. de Kirwan. 2 vol.

— **La Saint-Barthélemy**, par Henri Hello. 1 vol.

— **L'Esprit et la Chair.** *Philosophie des macérations*, par Henri Lasserre, auteur de *Notre-Dame de Lourdes*, etc., etc. 1 vol.

— **Le Levier d'Archimède ou la Mécanique céleste et le Céleste mécanicien**, par le R. P. ORTOLAN. 2 vol.

— **Ce que le Christianisme a fait pour la femme**, par G. d'AZAMBUJA. 1 vol.

— **L'Hypnotisme et la Stigmatisation**, par le Dr IMBERT-GOURBEYRE. 1 vol.

— **L'Education chrétienne de la Démocratie**, *essai d'apologétique sociale*, par CH. CALIPPE. 1 vol.

— **La Religion catholique peut-elle être une science ?** par l'abbé G. FRÉMONT. 1 vol.

— *Du même auteur :* **Que l'Orgueil de l'Esprit est le grand écueil de la Foi**, *Théodore Jouffroy, Lamennais, Ernest Renan.* 1 vol.

— **La Révélation devant la Raison**, par F. VERDIER, supérieur de Grand Séminaire. 1 vol.

— **Confréries musulmanes.** — *Histoire, Discipline, Hiérarchie*, par le R. P. PETIT. 1 vol.

— **Pratique de la Liberté de conscience dans nos Sociétés contemporaines**, par l'abbé CANET 1 vol.

— **Comment peut finir l'univers**, d'après la science, par C. de KIRWAN. 1 vol.

— **Les Théories modernes de la criminalité**, par le Docteur DELASSUS. 1 vol.

— **Faillite du matérialisme** par Pierre COURBET, 3 vol. *se vendant séparément :*

   I. — *Historique* 1 vol.

   II. — *Discussion ; l'atome et le mouvement.* 1 vol.

   III. — *Discussion ; l'éther, les gaz, l'attraction. Conclusion.* — *Appendice.* 1 vol.

— **Le Globe terrestre**, par A. DE LAPPARENT Membre de l'Institut, professeur à l'Ecole libre des Hautes Etudes, 3 vol. *se vendant séparément.*

   I. — *La Formation de l'écorce terrestre.* 1 vol.

   II. — *La nature des mouvements de l'écorce terrestre.* 1 vol.

   III. — *La Destinée de la terre ferme et la Durée des temps.* 1 vol.

— **De la Connaissance du Beau**, *sa définition, application de cette définition aux beautés de la nature*, par l'abbé GABORIT, archiprêtre de la Cathédrale de Nantes. 1 vol.

— **Le Diable dans l'Hypnotisme**, par le docteur Ch. HÉLOT. 1 vol.

— **De la Prospérité comparée des nations protestantes et des nations catholiques**, *au point de vue économique, moral, social*, par le R. P. FLAMÉRION, S. J. 1 vol.

— **L'Art et la Morale**, par le P. SERTILLANGES, dominicain, docteur en théologie. 1 vol.

— **La Sorcellerie**, par I. BERTRAND. 1 vol.

— **Qu'est ce que l'Ecriture sainte ?** *Les Livres inspirés dans l'antiquité chrétienne ; Théorie de l'inspiration*, p. le P. Th. CALMES, 1 vol.

— **Les Morts reviennent-ils ?** par I. BERTRAND. 1 vol.

(Demander la liste **complète** *des volumes* **Science et Religion**, *parus à ce jour).*

SAINT-AMAND (CHER). — IMPRIMERIE BUSSIÈRE

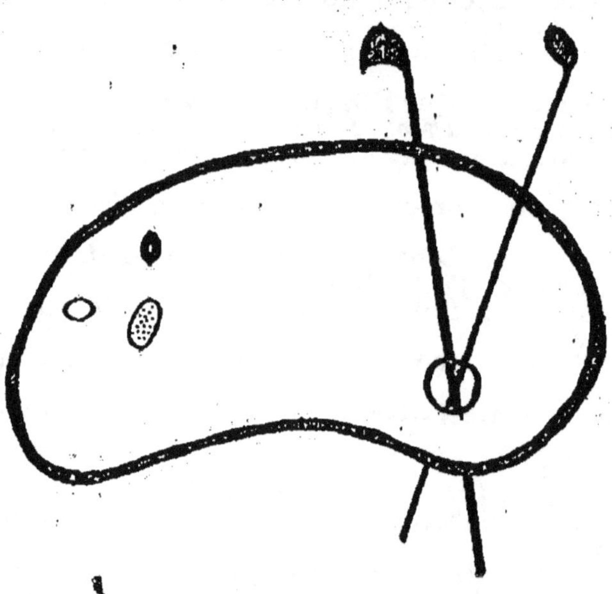

FIN D'UNE SERIE DE DOCUMENTS
EN COULEUR

SCIENCE ET RELIGION
Études pour le temps présent

La Persécution religieuse en Allemagne
1872-1879

Le Clergé et les Catholiques

Monographie

PAR

le P. Paul BERNARD
de la Compagnie de Jésus

II

PARIS

LIBRAIRIE BLOUD & Cie

4, RUE MADAME ET RUE DE RENNES, 59

1903

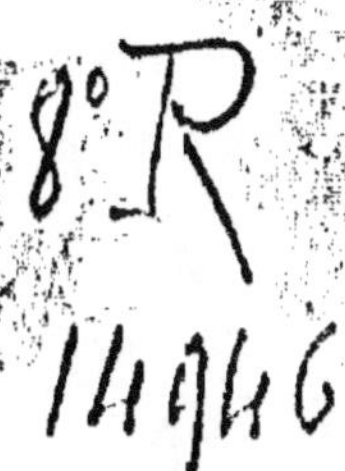

LE CLERGÉ ET LES CATHOLIQUES

« Après le moine, le prêtre. »
La *Lanterne*, 22 octobre 1902.

Le 13 septembre 1870, Bismarck déclarait à M. Werlé, maire de Reims, que les lauriers de Sadowa et de Sedan ne suffisaient point à ses ambitions et qu'il lui incombait une mission plus glorieuse encore, celle de se rendre *le maître du Catholicisme.* — « Alors, ajoutait-il, les races latines auront vécu » (1).

Le plan de l'astucieux diplomate était en soi fort simple : extirper d'abord les Ordres religieux qu'il savait irréductibles et dont l'opposition serait de taille à mettre en échec ses volontés, puis séparer de Rome le clergé allemand et constituer, avec l'aide présumée de certains évêques, une Eglise nationale. A ses yeux, les évêques prussiens devaient être les meilleurs champions du *Culturkampf* ; et voilà pourquoi, lorsque le chancelier eut reconnu son immense erreur et se fut heurté à une résistance qu'il n'avait point prévue, n'ayant pu gagner à sa cause l'épiscopat, il résolut de le briser.

Mais la Justice de Dieu avait son heure et l'Église de Prusse allait donner au monde un magnifique exemple : grâce à l'indomptable vaillance des Catholiques allemands et à l'héroïque attitude des évêques, ce fut le chancelier de fer qui se brisa...

Puisse la France de Saint Louis, qui n'a rien perdu de sa généreuse intrépidité, s'armer, aux heures sombres que nous traversons, de la même endurance dans l'épreuve et de la même discipline dans la lutte : elle sera sûre alors du même triomphe !

Enghien, 8 décembre 1902.

(1) MAJUNKE. — *Geschichte des Kulturkampfes in Preussen-Deutschland.* Paderborn, 1902, p. 31.

CHAPITRE I

Trois groupes d'adversaires, autrefois ligués l'un contre l'autre et ennemis jurés, s'étaient mis d'accord depuis l'entrée de Bismarck au ministère, en 1862, pour détruire en Prusse l'Eglise catholique. Tous trois visaient au même résultat en poursuivant des buts à première vue divergents. Les uns, hostiles à toute idée religieuse, menaient la guerre contre Dieu : c'étaient les brigades maçonniques commandées par Bluntschli. Les autres, antagonistes de l'idée chrétienne, s'attaquaient à toute religion positive et prétendaient abolir toutes les confessions : c'était le parti libéral dirigé par Bennigsen. Enfin les hobereaux prussiens, les vieux conservateurs de la Marche, jaloux par-dessus tout des prérogatives de l'Etat et effrayés de voir le catholicisme refleurir en Prusse avec la liberté, se proposaient à tout le moins d'asservir l'Eglise au nouvel Empire allemand, décoré du nom d'Empire évangélique, puis d'employer cette Eglise nationale, au grand œuvre de l'universelle germanisation : telle apparaissait l'idée de Bismarck, qui en rêvait parfois tout haut, avec délices.

C'est au nom du progrès, de la civilisation, de la culture moderne que les Loges arborèrent le drapeau de la grande bataille contre le Catholicisme : de là ce nom perfide de *Culturkampf*, mis en honneur par Wirchow et qui indique la lutte de la science contre les ennemis du progrès en même temps qu'il implique l'idée d'une agression de la part de l'Eglise. On ne pouvait travestir plus impudemment la vérité.

Quelle dose prodigieuse d'audace ne fallut-il point aux suppôts de la Maçonnerie pour représenter au peuple allemand l'Eglise comme une assaillante et un agent de ténèbres, lorsque le gouvernement prussien lui-même, aux mauvais jours de 1848, avait publiquement reconnu les bienfaits sociaux du catholicisme et salué dans les congrégations religieuses non moins que dans le clergé le plus ferme rempart de la sécurité des Etats !

Mais le mot de persécution, qui est le terme exact, eût semblé trop brutal dans leur bouche. A tout prix, pour ménager ou pour gagner l'opinion, il fallait colorer d'un semblant de justice cette entreprise de bourreaux : Wirchow inventa l'étiquette, et ce terme sonore de *Culturkampf* exerça tout d'abord, en effet, sur la foule protestante, sur tous les bourgeois du commerce et de la science une magique impression. C'était donner le change au peuple ; mais à ces gens-là tous moyens étaient bons, eux qui, à l'instar de leur maître Bismarck, faisaient de l'hypocrisie la première de leurs vertus. Aujourd'hui les choses ont bien changé ; ce mot de *Culturkampf* reste acquis à l'histoire, mais comme une flétrissure dont le gouvernement prussien ne se lavera jamais.

Il faut reconnaître que le moment était on ne peut mieux choisi de sonner la charge contre « les troupes romaines. » Non que les catholiques allemands eussent quelque faute à se reprocher, quelque méfait à expier ; ils venaient précisément au cours de la campagne de France d'affirmer avec éclat leur patriotisme et leur dévouement à l'empereur. Mais moins que jamais ils semblaient en état de se défendre, et qui pouvait à cette heure leur venir en aide ?

Pie IX n'était plus qu'un vieillard dont le chancelier de fer escomptait perfidement la faiblesse. Voilà même que l'auguste Pontife s'éteignait, déchu de sa royauté, prisonnier dans son palais et il est notoire aujourd'hui que Bismarck avait été, dans l'ombre, l'artisan de l'annexion romaine, l'inspirateur néfaste de Victor-Emmanuel. Séparés de leur chef, du centre de l'unité, quel secours les catholiques pourraient-ils attendre désormais de Rome ? La division ne viendrait-elle pas d'elle-même désagréger leurs rangs ?

A en juger par les seules apparences, cet espoir n'était que trop fondé. L'attitude de l'épiscopat allemand durant les préliminaires et les discussions du Concile avait encouragé dans les sphères gouvernementales toutes les illusions et provoqué les plus hardis desseins. Bismarck n'avait pas vu que les évêques d'Allemagne, en combattant presque unanimement l'opportunité d'une décision conciliaire touchant le dogme de l'infaillibilité pontificale, n'étaient nullement opposés, hormis une seule exception, au dogme lui-même (1). Aussi, pour réaliser ses rêves éblouissants d'universelle domination, croyait-il pouvoir compter sans réserve sur leur concours. Que l'un d'eux acceptât simplement, — et qui donc refuserait ce suprême honneur ? — de devenir primat de la Prusse, sinon de l'Allemagne, du coup la transformation de l'Eglise catholique en Eglise nationale devenait un fait accompli, contre lequel le peuple ne réclamerait point et dont il se douterait à peine.

Le grand homme d'Etat se trompait lourdement, sans doute. Mais les affirmations hardies des Doellinger, des Reinkens, des Hubert et autres professeurs d'Universités étaient bien de nature à le confirmer dans son erreur et à développer encore sa puissance d'illusions ; car à plusieurs reprises elles lui apportèrent nettement et vivement l'assurance que « des milliers de prêtres » n'attendaient qu'un signal pour entrer dans le mouvement. Dès lors Bismarck ne dou-

___

(1) Msr Héfélé, après « un combat intérieur » qui dura plusieurs mois, fit acte « de soumission » et promulgua, dans sa lettre pastorale du 10 avril 1871, le décret concernant l'infaillibilité pontificale.

tait point que toute « l'intelligence catholique » ne fût prête à le seconder par une vigoureuse offensive. L'opposition n'était rien moins que silencieuse, en effet, dans les Facultés théologiques de Munich, de Bonn, de Breslau, de Braunsberg, et si les docteurs pouvaient se décider à donner l'exemple du « schisme », la foule des humbles était gagnée d'avance (1).

De plus, les catholiques étaient loin de s'attendre à une agression de la part du gouvernement, à une volte-face que l'histoire des dernières années, le programme révolutionnaire des libéraux, la politique conservatrice du ministère ne laissaient en rien soupçonner. « Continuez à amuser ces Français », écrivait Bismarck à l'ambassadeur Goltz, tandis que se préparait activement la guerre de 1870. Lui-même berçait les catholiques allemands des plus douces espérances en leur ménageant le plus terrible des réveils. La façon dont l'empereur Guillaume accueillit à Versailles l'archevêque de Posen, M⁰ʳ Ledochowski, les promesses qui furent également données à la députation des Chevaliers de Malte touchant le rétablissement du pouvoir temporel de la papauté, comblèrent de joie clergé et fidèles dans tous les diocèses d'Allemagne. Bismarck allait même jusqu'à parler d'offrir un asile au pape à Fulda ou à Cologne (2), avec un tel aplomb que les évêques les plus clairvoyants se laissaient

(1) *Lettre du Comte d'Arnim*, 17 juin 1870. Citée par *Majunke*, op. cit., p. 29.

(2) Busch. — *Unser Reichskanzler* Berlin 1892, t. I, p. 337.

prendre à ces mielleuses déclarations. La déception
fut pleine d'amertume : « Il nous faut jeter à la mer
toutes les espérances que nous avions fondées sur la
Prusse », écrivait en 1873 l'évêque de Mayence,
Mⁱ de Ketteler, « Notre faute a été notre confiance
dans la Constitution, dans les droits qu'elle garan-
tit ; notre faute a été de croire que l'équité prussienne était plus puissante que la force des préju-
gés, que les passions des partis. Nous nous sommes
trompés : du moins n'est-ce pas à nous à rougir de
ces fautes (1). »

Mais le chancelier impérial était le grand vain-
queur, l'idole ; il pouvait, sur son piédestal de
gloire, se permettre, au nom du germanisme, toutes
les fourberies et tous les mensonges ; la grande
majorité de la nation applaudissait. C'était là, au
fond, sa plus grande force. Les succès passés légi-
timaient aux yeux des masses, comme aux yeux des
hommes d'État ou des savants, toutes les entreprises de l'avenir ; l'heure avait sonné, qui peut-
être ne reviendrait plus, de l'action offensive contre
le droit, de l'oppression des consciences, d'une persécution impitoyable et meurtrière à l'égard de
l'Eglise catholique. Il n'y avait donc plus un seul
moment à perdre. « Aussitôt la guerre finie avec la
France, je marche contre l'infaillibilité, » disait Bismarck au grand-duc de Bade, le 24 octobre 1870 (2).

---

(1) KETTELER. — *Le Culturkampf ou la lutte religieuse en
Allemagne* (trad.). Paris, 1875, p. 63.

(2) *Tagebuch des Kaisers Friedrich*, dans la *Deutsche Rund-
schau*, septembre 1888, p. 145.

Le chancelier avait dressé ses plans. Avant tout il fallait réveiller et ameuter le fanatisme protestant, plus irritable que jamais et plus farouche aussi, en sonnant le tocsin des grands jours d'alarme devant l'imaginaire péril de l'invasion romaine et comme devant un assaut tenté par l'Église contre l'État. Toute la presse juive, évangélique ou libérale, aux ordres de Bismarck, se faisait, depuis deux ans, l'écho de ses doléances et de ses frayeurs, et agitait sur l'Allemagne l'épouvantail de l'infaillibilité pontificale. Inconsciemment ou de parti pris, on avait bouleversé peu à peu toutes les saines notions, semé le trouble, la défiance et la haine dans tous les cœurs : le temps était venu de mettre à profit ces dispositions malveillantes et d'attiser la discorde. Tous les journaux, d'un commun accord, reprirent le thème toujours merveilleusement neuf du Syllabus et de l'infaillibilité, pour démontrer au peuple allemand que la juridiction épiscopale était absorbée à jamais par la juridiction papale, que le clergé ne s'appartenait plus et que tout catholique romain, sur un signe du pape, devait trahir son roi, sa conscience de citoyen et les lois de son pays.

Ce n'était pas assez. Oubliant que le gouvernement prussien, à toutes les époques de crises politiques ou de perturbations sociales, avait trouvé chez les notabilités catholiques les plus influentes, et tout particulièrement dans l'épiscopat, un appui des plus fidèles et un concours des plus précieux, ce fut comme un mot d'ordre général, dans toute la presse hostile, de crier à l'intolérance, à la provocation, d'accuser d'opposition systématique les évêques et le clergé, de voir partout des machinations ténébreuses, des plans d'attaque dressés par l'Église contre les libertés populaires. Mais jamais un seul fait ne put être invoqué par aucun journal, comme argument démonstratif. — « Est-ce qu'on démontre l'évidence ? » répétaient en chœur les feuilles judéo-libérales.

Il y avait pourtant un argument, et plus positif que tous les faits, une preuve agissante et vivante, qui était bien la plus claire de toutes les menaces. Elle semblait assez redoutable pour que le chancelier de fer en perdît le sommeil sur ses lauriers. C'était l'existence d'un parti catholique tout récemment formé et à peine encore organisé : le Centre.

Le 14 décembre 1870, de nouvelles élections législatives avaient eu lieu en Prusse. Depuis quelque temps, les catholiques prussiens se montraient fort inquiets de la tournure que prenait la campagne d'injures et de calomnies menée si impétueusement par la coalition des juifs et des libéraux contre les congrégations religieuses : ils se levèrent pour parer aux coups et pour défendre une cause qui était la leur, sans autre tactique et sans autre but que de se grouper en une solide et compacte organisation contre les procédés utilitaires des libéraux et contre la centralisation à outrance des étatistes prussiens. De là leur programme aussi simple que noble, car il résumait en deux mots les deux plus beaux principes de toute politique stable : le droit et la liberté.

PROGRAMME DE LA FRACTION DU CENTRE

Justitia fundamentum regnorum.

« La fraction du Centre au Parlement allemand proclame les principes suivants comme base de son action :

1. L'Empire doit conserver le caractère fondamental d'un Etat fédératif. En conséquence, il importe de réagir contre les efforts tendant à modifier le caractère fédéral de la Constitution de l'Empire. Les Etats particuliers doivent conserver la libre direction et la libre disposition de leurs affaires intérieures, tant qu'un sacrifice indispensable n'est point requis par les exigences de l'intérêt général.

2. Il est urgent de promouvoir le bien-être matériel et moral des classes ouvrières dans la mesure des forces sociales. La liberté civile et religieuse de tous les citoyens de l'Empire doit être appuyée sur des garanties constitutionnelles ; en particulier les droits des associations religieuses doivent être protégés par un vote du Reichstag contre les empiétements des législations particulières.

3. Le parti du Centre délibère, discute et agit conformément à ces principes dans toutes les questions soumises au Parlement, sans toutefois dénier à l'un de ses membres le droit d'émettre en son nom un suffrage contraire aux décisions de la majorité du parti.

Comité directeur de la fraction du Centre :

De SAVIGNY, Dr WINDTHORST, HERMANN DE MALLIN-CKRODT, PROBST REICHENSPERGER (Olpe), prince Charles de LOEWENSTEIN, FREITAG.

Le 11 janvier 1871, 51 députés catholiques du Landtag prussien avaient transmis leur adhésion à ce programme purement constitutionnel ; le 21 mars, le jour même de l'ouverture du premier Reichstag, 67 députés se ralliaient à cette même idée de défense et constituaient la fraction du Centre au Parlement d'Empire. Tous croyaient si bien avoir pour eux l'appui du gouvernement dont ils étaient les fidèles soutiens, que peu de temps avant les élections, le Dr Kraetzig, directeur au ministère des Cultes, avait offert à Bismarck l'alliance offensive de tous les catholiques prussiens contre le parti libéral, ce vieil et irréconciliable ennemi de la monarchie régnante et de la religion.

Si le chancelier eût suivi les inspirations d'une habile et saine politique, il n'eût pas hésité un seul instant à consommer la ruine des libéraux et à octroyer aux catholiques les garanties qu'ils réclamaient si justement. Mais il n'avait plus pour eux les sentiments de bienveillance intéressée dont il avait fait preuve au mois de février 1870. A cette époque, sentant le besoin qu'il avait de leur concours pour la grande guerre qu'il allait entreprendre, il avait chaleureusement plaidé leur cause au conseil des ministres en présence du roi et de l'héritier de la couronne. Aujourd'hui les circonstances avaient bien changé ; les vieilles rancunes protestantes parlaient plus haut que la raison d'Etat ; l'empereur Guillaume était circonvenu plus que jamais par les surintendants évangéliques dont toute l'activité s'employait à entraver les progrès de l'Eglise romaine ; le prince impérial Frédéric affilié aux Loges, se dévouait corps et âme aux idées libérales ; le mot d'ordre à la cour était : guerre aux papistes ! Aussi avec la violence d'un homme à qui rien ne résiste, le chancelier allait-il procéder à sa campagne d'extermination.

CHAPITRE II

Premières attaques. — Adresse à l'empereur. — Les catholiques et la Constitution. — Bismarck et le Centre. — Suppression de la section catholique au ministère des cultes. L'abbé Wollmann. — La loi de Lutz. — Laïcisation. — Le complot du chanoine. — Falk et l'enseignement.

Le premier Reichstag allemand s'était réuni le 21 mars 1871. En réponse au discours du trône, où l'empereur affirmait solennellement que le nouvel Empire serait « la citadelle de la paix de l'Europe », une adresse fut votée par le Parlement, dont la teneur était une déclaration de guerre au parti catholique et un outrage à la papauté.

Jusque-là, se fiant sans réserve aux promesses formulées à Versailles par le roi de Prusse, le 8 novembre 1870 et confirmées au début de cette même année 1871, les catholiques espéraient fermement que la question romaine ne tarderait pas à être réglée par une intervention diplomatique de l'Allemagne en faveur du pontife spolié et captif. Cette espérance, ils l'avaient exprimée avec autant de respect que de joie, dans le projet d'adresse rédigé par le Centre et proposé à l'acceptation du Parlement. Mais le parti libéral feignit de voir dans la rédaction qui lui était soumise « des visées cléricales mystérieuses, » et Bennigsen, dont la voix ne se faisait entendre que dans les grandes occasions, vint en personne combattre les « illusions » du Centre et rallier la majorité libérale à un nouveau projet d'adresse où il était dit expressément que « l'Allemagne..., sans se laisser influencer par la sympathie ou par l'antipathie, laisserait à chaque nation les voies libres pour parvenir à l'unité et à chaque État le choix de la meilleure forme de gouvernement qui lui convient (1). »

On reconnaîtra que c'était pour le parlement un devoir patriotique de grouper tous les partis dans l'expression d'un même sentiment de fraternité nationale au moment où l'Allemagne venait affirmer pour la première fois son unité en présence du nouvel empereur. Mais les haines des sectaires eurent plus de force que la conscience du devoir ou l'impérieuse nécessité des convenances, et les libéraux saisirent avidement cette occasion d'acculer le Centre à prendre brusquement parti ou contre le pape ou contre l'empereur. On trouva plaisant de le réduire

____

(1) KETTELER. — *Op. cit.*, p. 185.

à cette alternative ou bien de signer un acte qui formulait la déchéance du pouvoir temporel, ou bien de refuser leur tribut aux hommages dont le Parlement venait saluer pour la première fois le chef de la nation.

Les catholiques n'hésitèrent pas une minute : fidèles à leurs principes religieux, mais sans rien rabattre de leur dévouement à la patrie, ils s'abstinrent de voter la perfide adresse, tandis que de toutes parts pleuvaient sur eux les épithètes de traîtres et de transfuges destinées à dénaturer aux yeux des foules le sens de leur conduite et à vouer le « parti ultramontain » à l'exécration du peuple allemand.

Le projet d'adresse de Bennigsen avait été définitivement admis au Reichstag, le 30 mars, par 243 voix contre 63 : sous la forme qu'il avait revêtue, il contenait la publication officielle du *Culturkampf.*

Les jours suivants, 1er, 3 et 4 avril, la lutte fut plus vive encore au sujet d'un amendement présenté par Pierre Reichensperger au projet de Constitution élaboré par le parti libéral. Elaboré, c'est trop dire ; car pour éviter toute discussion parlementaire, les Etats s'en étaient tenus dans la confection du projet, aux Chartes passées précédemment entre l'Allemagne du Nord et les Gouvernements du Sud ; de simples extraits avaient été artificiellement réunis dans un travail de juxtaposition, sans le moindre changement de forme, si bien que tout débat sur la rédaction du texte se trouvait écarté, par le fait même, au Reichstag. De liberté religieuse, il n'était aucunement question, et comme le parti libéral prussien faisait mine, depuis quelques années, de vouloir exclure des lois du pays les droits octroyés en 1850 aux confessions chrétiennes, les catholiques songèrent à demander simplement que le principe de la liberté de conscience fût inscrit au frontispice de la Constitution de l'Empire, avec toutes ses légitimes conséquences : liberté du culte et droit d'association. Ce serait là effectivement pour l'avenir une garantie souveraine contre les entreprises privées des gouvernements puisque les lois d'Empire priment en Allemagne les lois particulières des Etats.

En vertu même de leur programme, les libéraux ne pouvaient s'opposer à ces revendications, car non seulement elles répondaient aux plus saintes aspirations de liberté, mais encore elles ne contenaient rien qui ne fût déjà consacré expressément par la Charte constitutionnelle de la Prusse. L'amendement Reichensperger ne faisait que reproduire, en effet, les articles 12, 15, 27, 29 et 30 de la Constitution de 1850. Aussi est-ce à un faux-fuyant que les ministériels eurent recours, en déclarant avec la plus impudente ironie que sur la question religieuse le Reichstag était incompétent. Le Juif Lasker, l'historien de Treitschke, l'orateur hobereau Henri de Blankenburg ne ménagèrent point au parti catholique et aux évêques les sarcasmes ni les menaces, ce qui attira au parti libéral une éloquente et fière réplique de Mgr de Ketteler ; mais l'éloquence pas plus que le droit n'avaient rien à voir désormais dans les affaires de la majorité : 223 voix contre 59 repoussèrent l'amendement du Centre. Il n'y avait pas à se méprendre sur le sens de ce vote et le député Marquard prit soin d'en souligner la portée dans cette conclusion de son discours : « Nous avons déclaré la guerre à l'Ultramontanisme : nous irons jusqu'au bout. »

Cependant Bismarck ne s'était point encore découvert ; il négociait alors avec le Vatican et montrait patte blanche. Ce qu'il voulait de Rome, c'était un désaveu de la fraction du Centre, et comme il ne l'obtenait pas, il se hâta de répandre le bruit qu'il l'avait obtenu. Le procédé ne réussit que trop. Un député catholique, le comte Frankenberg, à qui le chancelier avait fait ses confidences, se sépara sur l'heure de son parti et donna le 17 mai 1871 à ses électeurs la raison de sa conduite. Ce fut un tapage de presse assourdissant ; les journaux du parti libéral triomphaient insolemment, couvrant de leurs hyperboles louangeuses « le grand pontife Pie IX », tandis que les feuilles catholiques, opposant à ces bruits de désaveu les dénégations les plus absolues, stigmatisaient vivement la calomnie.

Le leader du Centre, Mallinckrodt, publia le 20 mai une protestation formelle contre ces imputations.

Etonné, le comte Frankenberg se tourna vers Bismarck, qui répondit le 19 juin par la lettre suivante : « Monsieur, j'ai l'honneur de répondre à votre honorée du 12 courant et de vous informer que

l'entrevue dont vous avez parlé entre le comte Tauff-
kirchen et le cardinal-secrétaire d'Etat, ne saurait
être révoquée, en doute. La fraction du Centre, a
été désapprouvée. Cette désapprobation ne m'a pas
surpris, après les témoignages de satisfaction et les
expressions d'entière confiance que Sa Majesté le
roi a reçus de Sa Sainteté le pape, à l'occasion du
rétablissement de l'Empire allemand. »

Devant un témoignage aussi catégorique, l'assurance des catholiques se trouvait profondément
ébranlée. Mais déjà l'évêque de Mayence, Mgr de
Ketteler, s'était adressé au cardinal Antonelli, qui
envoya aussitôt, à la date du 5 juin, un démenti
solennel (1), publié vers la fin du mois en réponse à la lettre de Bismarck.

Mais déjà le chancelier préparait sa vengeance. Le
22 juin, la *Gazette de la Croix*, qui était alors à la
solde du gouvernement, lança dans toute la Prusse
un vibrant appel aux armes contre le Centre et l'Ultramontanisme, contre ces ennemis du dedans qui
allaient subir, disait-on, le sort des Autrichiens et des
Français, car il était temps de reprendre l'œuvre de
la Réforme et d'assurer la suprême victoire du Germanisme sur le Romanisme.

Aux paroles succédèrent aussitôt les actes. Le
8 juillet 1871, un ordre royal supprimait la section
catholique instituée au ministère des cultes par
Frédéric-Guillaume IV en 1841. Le but de cette institution, qui comprenait un directeur et deux con-
seillers, était « d'entretenir une entente cordiale

(1) KETTELER. — *Op. cit.*, p. 212.

avec l'Eglise (1) » et de fournir au gouvernement un moyen pratique de se renseigner directement auprès des catholiques eux-mêmes sur les affaires religieuses. En supprimant cet intermédiaire officiel, sans même prendre la peine d'exposer les motifs de cette mesure, le gouvernement déclarait tout haut que les catholiques n'étaient plus dans l'Empire que des parias et il leur enlevait le seul recours administratif qu'ils pussent avoir contre l'arbitraire et les vexations des ministres.

Surtout il ne voulait plus permettre à un directeur « ultramontain » de contrôler les documents administratifs concernant l'Eglise romaine, et c'est dans cette ténébreuse pensée que Bismarck avait songé, dès 1865, à substituer à la section catholique du ministère des cultes une nonciature établie à Berlin. Il lui semblait qu'un nonce, réduit à un rôle purement diplomatique et n'exerçant aucun droit de contrôle sur les actes de l'administration, ne gênerait en rien ses projets et pourrait même devenir, l'art et le hasard aidant, un instrument docile entre ses mains (2). L'idée n'ayant pu aboutir, le chancelier trancha dans le vif, brusquement, C'est par les journaux du matin que le Dr Kraetzig, l'éminent et sympathique directeur, apprit en même temps que sa destitution, la suppression de la section catholique.

Ce n'est pas tout. Bismarck voulut prendre immédiatement position à l'égard des évêques et leur

_____

(1) Janiszewski, — *Histoire de la persécution de l'Eglise catholique en Prusse*, p. 91.

(2) Brueck. — *Op. cit.*, p. 77 sq.

montrer sans ambage quelle serait sa ligne de conduite à l'avenir.

L'abbé Wollmann, chargé des cours d'instruction religieuse au Gymnasium de Braunsberg, s'était obstiné à combattre le dogme de l'infaillibilité pontificale et avait fini par se ranger, de concert avec le directeur de l'école normale, Treibel, au parti des Vieux-Catholiques ou, comme on disait aussi, des Néo-Protestants. L'évêque d'Ermland, Mgr Crementz, après avoir épuisé toutes les voies de la douceur et employé toutes les monitions canoniques, excommunia les réfractaires et présenta de suite deux autres candidats au choix du ministre. C'était son devoir, et la législation alors en vigueur, de même que toute la série des décisions ministérielles rendues sur des cas analogues, lui reconnaissaient explicitement ce droit : Wollmann et Treibel, désavoués par l'évêque et privés de toute juridiction, se trouvaient par le fait même déchus des fonctions de leur enseignement, puisque cet enseignement était exclusivement religieux.

Mais le gouvernement, au mépris de la législation scolaire existante et des droits épiscopaux invariablement garantis jusqu'alors, ne l'entendait point ainsi. Par décision du 29 juin 1871, le ministre von Muehler maintint Wollmann à son poste, en donnant pour motif que le dogme de l'infaillibilité « n'intéressait en rien les rapports de l'Eglise et de l'Etat (1). » Singulière raison de la part d'un gouvernement qui depuis trois ans n'avait cessé de pré-

____

(1) Janiszewski. — *Ib.*, p. 93.

tendre que la proclamation de ce dogme, en boule-
versant la constitution même de l'Eglise, menaçait
essentiellement la sécurité des Etats ! Mais les pali-
nodies ne coûtaient rien au parti libéral, pas plus
que les violences. C'est en vain que Mgr Crementz,
par un mémoire daté du 9 juillet, rétablit les questions de droit et de fait dans leur véritable jour,
avec une telle force et une telle netteté que les journaux officieux n'osèrent pas même prendre la défense du ministre brutal : le gouvernement s'opiniâ-
tra dans la voie des illégalités et, bien qu'il ne
s'agit point d'un établissement de l'Etat, mais d'un
collège exclusivement administré et entretenu par
les catholiques, le ministre porta la peine d'expul-
sion contre tout élève qui s'abstiendrait de fréquen-
ter les leçons de l'intrus.

La persécution légale marcha bientôt de pair avec
les tracasseries administratives. Quelques jours avant
la clôture du Reichstag, le 23 novembre 1871, le ministre de Bavière M. de Lutz, présenta au Parlement,
en toute hâte, un projet de loi, sous forme d'article
additionnel au paragraphe 130 du Code pénal de
l'Empire, sur les intempérances de langage des pré-
dicateurs catholiques et les prétendus « abus de la
chaire. » L'idée de cette motion venait de Bismarck,
qui avait invité le gouvernement bavarois à prendre
l'initiative du projet. Toujours prêt à trahir son
Eglise et sa foi, le prince de Hohenlohe, frère du
cardinal, chargea immédiatement le ministre Lutz
de soumettre la question au Conseil fédéral et de
gagner à sa cause les Etats.

La tâche était aisée. Bismarck s'était réservé le soin de présider aux discussions du Bundesrath; heureux de voir un gouvernement catholique ouvrir solennellement l'ère des persécutions, il plaida de toute son éloquence la nécessité de cette loi d'exception, que rien ne venait justifier, puisque les considérants ne mentionnaient aucun fait positif qui fût de nature à provoquer une mesure aussi grave. Il n'y eut qu'une voix au Bundesrath pour s'élever contre l'injustice d'une mesure qui dénonçait à l'opinion publique et frappait sans merci une catégorie entière de citoyens innocents, alors qu'elle laissait l'impunité absolue aux pires ennemis de l'Etat, aux démagogues et aux socialistes dont les discours constituaient dans les milieux ouvriers une excitation permanente à la révolte. Lutz répliqua que l'Empire voulait élever un rempart contre le jésuitisme du clergé et ce seul mot suffit à enlever les suffrages.

Le Parlement se hâta de souscrire au vote du Bundesrath, dans la séance de 28 novembre, et le « paragraphe de la chaire » (*Kanzelparagraph*), nommé aussi du nom de son auteur *Lex Lutziana*, entra en vigueur le 10 décembre 1871. Aux termes de ce paragraphe additionnel: « Tout ecclésiastique ou desservant de l'Eglise, qui pendant l'exercice ou à l'occasion de l'exercice de son ministère, soit dans une église en présence de la foule, soit dans un autre lieu destiné aux réunions du culte devant plusieurs personnes, aura pris comme thème de ses discussions les affaires relevant du domaine de l'Etat, de telle manière que la tranquilité publique soit menacée, sera puni d'un emprisonnement dont la durée pourra être fixée à deux ans. »

Tandis que les prédicants et les rabbins étaient indemnes de toute pénalité, on arrivait ainsi à mettre le clergé catholique en suspicion, à déchaîner sur lui la meute des dénonciateurs, surtout à semer dans l'esprit des fidèles les germes les plus malsains de défiance et d'intrigue. De plus la mesure se justifiait si mal que dans l'espace de dix ans, malgré les efforts persévérants de la police, la loi ne fut pas appliquée dix fois. Au reste, les délinquants n'étaient point admis à faire valoir leur défense.

Le nouvel Empire était donc bien « un Empire protestant » et dès le début il s'affirmait comme tel au Reichstag; dès lors il parut au gouvernement de Berlin que le moment était opportun de travailler à la constitution d'une Eglise nationale en Prusse. L'Etat commença donc par accaparer à son profit l'éducation de la jeunesse soumise jusqu'à présent, en vertu des lois particulières et du règlement général des écoles, à la surveillance des Eglises et dès la fin de décembre, sous l'impulsion de Bismarck, un projet de loi tendant à enlever à l'école son caractère « confessionnel » et à retirer aux ecclésiastiques le droit d'inspection, fut déposé sur le bureau de la Chambre prussienne par le ministre des Cultes et de l'Instruction publique Von Muehler. Celui-ci, toutefois, ne tarda pas à être pris de regrets; il refusa de défendre son projet de loi et offrit brusquement sa démission. Le 22 janvier 1872, Falk lui succéda, l'homme à poigne qu'il fallait aux libéraux et qui avait eu l'heur de

plaire au chancelier : avec lui, l'œuvre de destruction
ne chômera plus un seul jour.

Le 8 février, commença la discussion de la loi sur
l'inspection scolaire ; les catholiques, soutenus par
un grand nombre de conservateurs protestants, dé-
fendirent de leur mieux leur cause. Plus de 500 pétitions arrivèrent au Landtag ; celles de la Silésie, à
elles seules, comptaient plus de 80 000 signatures.
Aussi Bismarck jugea-t-il opportun d'engager dans
les débats les orateurs les plus influents du groupe
ministériel, le franc-maçon Gneist, le juif Lasker,
le pasteur apostat Richter-Marlendorf et le professeur
matérialiste Virchow. Lui-même intervint en personne, et de toute sa fougue ; il s'emporta en invectives contre Windthorst et Mallinckrodt, contre les
Polonais, contre les Guelfes, chercha de son mieux
à réveiller les haines de parti, à attiser les colères.
Toutefois la majorité semblait encore indécise.
Visiblement la Chambre était hostile aux mesures
de persécution ; il fallut mettre en jeu de mystérieuses influences pour acheter ou extorquer les
bulletins. Une poignée de conservateurs se laissèrent
séduire et leur défection assura le vote de la loi avec
une majorité de 42 voix sur 390 votants.

Pour assurer le succès à la Chambre haute, le
chancelier n'était pas à bout de ressources ; au reste,
il suffisait de peu. L'affaire Kosmian fut alors ima-
ginée et exploitée, avec quelle maestria ! Il n'était
bruit dans la presse et dans les clubs que de la
grande conspiration catholique et polonaise dirigée
contre la personne du chancelier de l'Empire par le

chanoine de Posen, agent secret des Jésuites et du pape. Un chanoine croisant le fer contre Bismarck! L'idée ne fit pas rire le moins du monde les Seigneurs, qui tremblèrent unanimement à la vision du danger qu'avait couru l'Allemagne et le projet fut adopté d'enthousiasme par 125 voix contre 76. Le 11 avril 1872, la loi paraissait à l'*Officiel*. Un seul mot la résume : laïcisation de l'école.

Grand fut l'émoi dans le pays, même chez les protestants. Vainement l'épiscopat prussien s'était adressé tour à tour aux deux Chambres et au roi pour signaler tout l'odieux de ces mesures dirigées contre la religion et contre l'âme des enfants, contre la paix des familles et la tranquillité même du royaume. Ces voix amies furent méconnues. Mais les évêques ne pouvaient souscrire à cette grande iniquité et dans une lettre collective du 11 avril 1872, ils firent connaître au clergé leur résolution de ne céder qu'à la violence : « Comme aucune puissance de la terre, disaient-ils, ne peut nous dispenser de l'obligation de veiller à l'éducation chrétienne des petits enfants qui nous sont confiés par le divin Sauveur, nous sommes fermement résolus à continuer de remplir fidèlement les devoirs de notre charge pastorale en ce qui touche les écoles populaires que la nouvelle loi soustrait en principe à l'action maternelle de l'Église, et ce devoir nous le remplirons jusqu'au bout, aussi longtemps qu'on ne nous le rendra pas impossible. » En conséquence, il fut décidé d'un commun accord que chaque curé continuerait comme auparavant « à exercer l'inspection locale sur les écoles de sa paroisse, sans qu'il fût besoin d'une autorisation spéciale de l'évêque (1). »

Ainsi fut fait. Mais le gouvernement expulsa peu à peu de leur poste les inspecteurs ecclésiastiques et les remplaça par des sectaires du parti libéral, qui enlevèrent des salles de classe le crucifix, les images bibliques, les statuettes des Saints et persuadèrent aux enfants que la religion chrétienne n'était qu'une fable. D'autres prêchaient une morale toute mondaine, modelée à leur façon, ou exerçaient l'imagination des élèves sur des thèmes de cette sorte : « Quels sentiments doivent remplir le cœur d'une jeune fille, à la vue d'un officier de hussards (2) ? »

Il faut que la famille allemande dans les provinces catholiques soit fortement constituée pour avoir résisté si longtemps à l'action dissolvante « de ces écoles de corruption (3) ». Et ce n'étaient là que les préliminaires: la persécution violente allait s'ouvrir.

CHAPITRE III

Persécution ouverte. — Le cardinal Hohenlohe. — La dépêche du 14 mai — Plan de campagne. — Le grand aumônier. — Les *lois de mai.* — Revision de la Constitution.

Avec l'année 1872 s'ouvre l'ère des persécutions violentes, la chasse aux Ordres religieux.

Toutefois, avant d'en venir aux voies de fait, qui

(1). Dom CHAMARD. — *Annales ecclésiastiques* 1869-1873, p. 671 sq.

(2). JANISZEWSKI. — *Op. cit.,* p. 145.

(3). *Ib.*

n'étaient point sans danger pour le succès de sa politique, le chancelier recourut encore une fois à son arme favorite, la ruse. Une étonnante nouvelle se répandit inopinément par le monde : l'empereur Guillaume, sur les instances de Bismarck, accréditait un nouvel ambassadeur près le Saint-Siège et faisait choix, pour tenir ce poste, du cardinal Hohenlohe. Le choix était étrange, car nul n'ignorait que deux jours avant l'invasion piémontaise, Hohenlohe avait déserté Rome et délaissé le pape, sans même chercher à expliquer sa conduite devant le Sacré-Collège ni à la justifier devant l'opinion. Plus étrange encore le procédé mis en œuvre par la Chancellerie allemande ; car le pape, contrairement à tous les usages diplomatiques, n'avait été pressenti en rien ; le cardinal avait accepté cette équivoque mission sans demander l'assentiment du Saint-Siège ; enfin, une dépêche laconique du chancelier, à la date du 25 avril 1872, informait sans plus le cardinal Antonelli, secrétaire d'Etat, de la prochaine arrivée de l'ambassadeur.

Le plan de Bismarck n'était pas tout à fait impénétrable. Si Rome acceptait, dans ces conditions odieuses, le choix qu'on lui imposait, un imbroglio diplomatique ne tarderait point à porter au parti du Centre le coup de la mort. Si au contraire le pape mettait sa dignité au-dessus des offres impériales, comme il serait aisé de travestir les rôles et de montrer au peuple « l'irréconciliable animosité » de la curie romaine à l'égard de la nation allemande (1).

(1) Majunke. — *Op. cit.*, p. 74.

Rome déclina la proposition, comme on pouvait s'y attendre : ce fut un déchaînement. Non seulement la presse gouvernementale se répandit en violentes invectives contre Pie IX et contre le catholicisme, mais le Reichstag retentit lui-même de ces échos outrageants, et Bennigsen, dans la séance du 14 mai 1872, allant droit au fait, demanda comme conclusion, au nom de tous les groupes libéraux, la suppression de l'ambassade allemande près le Vatican, où ne résidait plus à cette heure qu' « un monarque déchu. » Mais Bismarck, qui voulait jouer jusqu'au bout le galant homme, intervint pour défendre le pape, qu'il tenait d'ailleurs à ménager : l'Ambassade fut maintenue. L'étonnement de tous les partis fut extrême, surtout quand on entendit le prince de Bismarck honorer plusieurs fois le Pontife romain du titre de *Sa Sainteté*, et, lentement, articuler ces paroles : « Il n'y a aucun souverain étranger qui soit appelé, en vertu de notre législation, à exercer en Allemagne des droits plus étendus que le pape. Ces droits sont presque équivalents à ceux du monarque et encore ne sont-ils garantis par aucune responsabilité constitutionnelle (1). »

Evidemment, dans la pensée du chancelier, toute cette législation était à refaire. On le comprit plus tard, lorsque fut connue vers la fin de 1874, au moment du scandaleux procès intenté par Bismarck à son vieil ami d'Arnim, la fameuse dépêche touchant

______

(1) Mgr Janiszewkl, dans son *Histoire de la persécution en Prusse*, p. 14, semble avoir interprété trop bénignement ces paroles.

le futur conclave ; or, cette dépêche qui provoqua dans la suite, dès les premiers jours de 1875, une si vibrante et si noble protestation de l'épiscopat allemand, avait été signée ce soir-là même par le chancelier (14 mai 1872) (1).

Au reste, le chancelier préparait si bien ses batteries pour mener au mieux et au plus vite sa suprême campagne contre l'Eglise, qu'il faisait étudier par les juristes des grandes Universités les moyens les plus propres à atteindre définitivement le but. Dès les premiers jours de cette année 1872, le professeur Emile Friedberg, de Leipzig, crut le moment venu de divulguer les résultats de ses travaux, où il ne fut point difficile de retrouver la pensée intime du chancelier (2). Partant de ce principe fondamental que l'Eglise catholique est une institution dangereuse à la sécurité de l'Etat et que l'ensemble des lois existantes ne permet point de parer à toutes les éventualités, il proposait une ré-

(1) Voici la partie essentielle de cette pièce diplomatique. « Ce sera le devoir des gouvernements qui ont des sujets catholiques de peser consciencieusement s'ils peuvent accepter l'élection. Avant d'accorder au souverain choisi par le conclave et appelé à exercer dans leurs Etats des pouvoirs si étendus confinant même en beaucoup de cas à la souveraineté, avant de lui accorder l'usage effectif de ces pouvoirs, ils sont obligés de se demander si l'élection et la personne qui en est l'objet offrent les garanties qu'ils sont en droit d'exiger contre l'abus d'une pareille puissance. »

(2) *Die Grenzen zwischen Staat und Kirche*. Tubingen, 1872 ; et surtout *Das Deutsche Reich und die Katholische Kirche*. Leipzig, 1872.

fonte de la législation actuelle, basée sur le programme suivant :

Etablissement du mariage civil obligatoire ;

Introduction des registres civils ;

Suppression du baptême obligatoire ;

Séparation de l'Eglise et de l'Etat ;

Sécularisation des œuvres de bienfaisance ;

Loi pénale contre l'abus de la chaire ;

Mesures préventives pour défendre l'usage de la chaire aux ecclésiastiques mal intentionnés contre le gouvernement. A cet effet :

Surveillance rigoureuse de l'éducation du clergé ;

Contrôle par l'Etat de l'examen des jeunes clercs ;

Défense de nommer à un poste ecclésiastique tout prêtre qui, par ses relations civiles ou politiques, pourrait créer des difficultés au gouvernement ;

Suppression de l'Ordre des Jésuites ;

Interdiction frappant les Congrégations religieuses non autorisées par le gouvernement ;

Recours à l'Etat contre les décisions de l'autorité ecclésiastique ;

Punition des abus de pouvoir : 1° par des amendes considérables ; 2° par le retrait de la charge.

Enfin l'Etat devra veiller à ne jamais mettre sa puissance à la discrétion de l'Eglise, à ne jamais priver de son poste un ecclésiastique qui résiste à ses chefs, à ne point confirmer les peines portées par les Ordinaires, à ne point faire rentrer les taxes ecclésiastiques, à abolir la sanctification des jours de fête, à ne point se prêter à la comparution des témoins devant l'officialité, à ne point exécuter les sentences des tribunaux ecclésiastiques, etc.

Tous les articles de ce programme furent discutés tour à tour au Landtag et passèrent dans la législation prussienne : le *Culturkampf* était esquissé d'avance dans ses moindres détails. Quant à la pensée machiavélique qui avait conçu ce plan astucieux et fort bien lié, elle ne craignait plus de se révéler désormais au grand jour et nous avons, nous, catholiques français, à en méditer profondément la formule, car elle est menaçante pour nous :

« Le torrent qui mugit dans son lit depuis des siècles, disait Friedberg en parlant de l'Eglise, ne se dessèche pas en un jour, lorsqu'on pose une digue à son embouchure : il déborde et ravage le pays. Il faut donc — pour continuer la comparaison — il faut établir tout d'abord une dérivation, enfermer la masse liquide dans des canaux, l'introduire dans des bassins, ensuite on peut laisser le reste, qui n'est plus rien, s'évaporer à l'air libre (1). »

L'apologue n'avait certes pas besoin de commentaire ; cependant l'auteur, qui traçait la ligne de conduite du gouvernement prussien et de l'union libérale, comprit qu'il fallait éviter toute équivoque :

« Nous venons de dire pourquoi, ajoute-t-il, nous

(1) *Das deutsche Reich...* p. 30.

ne voulons pas entendre parler, *pour le moment,*
d'une séparation de l'Église et de l'État... Nous voulons isoler graduellement le membre ecclésiastique,
habituer l'État à ne plus s'en servir, afin que, l'am-
putation faite, il ne puisse même s'en aperce-
voir (1). »

Devant l'immense retentissement qui salua dans
les milieux antichrétiens l'apparition de cet ouvrage,
dont on connaissait l'idée inspiratrice, Mᵍʳ de Ketteler, qui avait cru devoir déposer son mandat de
député au Reichstag, publia un magnifique plai-
doyer en faveur des droits de l'Église, destiné surtout à éclairer les catholiques et à les mettre en
garde contre « ces projets d'asphyxie » (2).

Mais les convictions du chancelier n'étaient point
de nature à se modifier devant l'évidence des rai-
sons ; le Culturkampf avait été irrévocablement
décidé, toutes les précautions se trouvaient prises et
les derniers détails arrêtés : au premier signal, le
15 mai 1872, la meute jacobine se jeta férocement
sur sa proie, en proposant au Reichstag, contre les
Jésuites et les sol-disant congrégations affiliées, les
premières lois de proscription. A cette œuvre néfaste, l'année entière fut employée ; puis quand,
avec les Rédemptoristes, les Lazaristes et les Pères
du Saint-Esprit, le dernier jésuite eut quitté le sol
allemand, la horde des persécuteurs poussa un
hourra de victoire et se retourna contre les évêques.

(1) *Ib.,* p. 32.
(2) *Die preussischen Gesetzentwuerfe ueber die Stellung der
Kirche zum Staat,* Mainz, 1873.

La première mesure qui vint frapper l'épiscopat, fut la suppression, par ordonnance royale du 13 mars 1873, de la charge de grand aumônier militaire, instituée par Pie IX en 1868. Déjà le titulaire, Mgr Namszanowski, avait été, l'année précédente, « suspendu de ses fonctions » par le ministre de la guerre, par suite de son attitude dans l'affaire des Vieux-Catholiques, à Cologne. Contrairement aux prétentions du gouvernement qui voulait obliger les aumôniers de la garnison à célébrer l'office divin dans l'église ouverte aux schismatiques, Mgr Namszanowski maintint fermement ses droits et se retrancha derrière les exigences du devoir. Étonné et irrité de ne pouvoir venir à bout de la conscience du prélat, le ministre von Roon interdit au grand aumônier l'exercice de ses fonctions, qui étaient d'ordre épiscopal, et, du même coup, lui enleva les insignes de sa dignité. Aussitôt l'Association de la noblesse allemande offrit au courageux champion de la cause catholique, une crosse et une mitre d'honneur. Mais l'empereur venait de décréter la suppression de la charge.

Désormais le règne de la violence était en Prusse un fait accompli et le Landtag se préparait à en consacrer, par une législation nouvelle, « les effets souverains. »

Le 9 janvier 1873, le ministre des Cultes, Falk, avait déposé sur le bureau de la Chambre quatre projets de loi destinés à imposer au clergé prussien une véritable constitution civile et à placer l'Eglise sous la tyrannie de l'Etat. Et le ministre se vantait de faire œuvre d'affranchissement. « Car le clergé, disait-il, est devenu esclave à l'intérieur et à l'extérieur, esclave de puissances étrangères au pays et que la conscience nationale ne reconnaît point, esclave à l'intérieur par son éducation, par la position qui lui est faite ; — je ne parle pas du haut clergé. »

Ainsi après avoir opposé les Congrégations religieuses au clergé séculier, voilà que l'on opposait le clergé séculier à lui-même et que l'on parlait de protéger les rangs inférieurs contre le despotisme des chefs. Plus tard, quand on aura essayé de séparer du pape et des évêques le clergé, on tentera d'opposer à leur tour les fidèles aux pasteurs, afin de les amener en masse au giron de l'Eglise évangélique ou nationale. Qui ne voit la même tactique en France, à cette heure ?

Quelles étaient donc ces franchises promises au bas clergé ? Il ne manquait certes pas d'audace, celui qui nommait lois de liberté ces lois d'asservissement, restées à jamais célèbres sous le nom de *Lois de mai*.

La première avait pour objet « l'éducation des clercs et leur nomination aux postes ecclésiastiques. » Aucun emploi ne pourra être désormais conféré dans l'Eglise, sinon à un sujet allemand, sorti d'un Gymnasium allemand et pourvu du diplôme de sortie, ayant étudié la théologie pendant six semestres dans une Université allemande et subi avec succès un examen spécial de philosophie, d'histoire et de littérature allemande, en présence d'un jury de l'Etat (§ 4). Dans les diocèses où il n'existe pas d'Université, les cours sont maintenus dans les grands séminaires, mais pour les diocésains seulement, et dans la mesure où le ministre des cultes le jugera opportun. Tous les établissements ecclésiastiques sont placés sous la surveillance directe des commissaires de l'Etat (§ 9) et doivent soumettre au gouverneur de province leurs règlements et plans d'études. Les directeurs et professeurs de ces établissements ont à se pourvoir des titres universaires et certificats d'aptitude requis pour l'enseignement public (§ 11). D'ailleurs il est interdit de créer de nouveaux pensionnats ecclésiastiques, et aux pensionnats existants d'admettre de nouveaux élèves (§ 14). La nomination ou le transfert d'un ecclésiastique à un poste quelconque doivent être soumis par l'évêque à l'approbation du gouverneur de province, à qui un délai de trente jours est octroyé pour opposer son veto (§ 15). Ce veto sera prononcé, s'il conste que le candidat n'a pas les aptitudes requises pour l'emploi qui lui est destiné, et spécialement s'il est prouvé que son éducation cléricale ne répond pas aux prescriptions des lois nouvelles (§ 16). Toute nomination faite par l'Ordinaire contrairement aux paragraphes sus-mentionnés est punie d'une amende de 200 à 1000 thalers (§ 22). Tout ecclésiastique remplissant des fonctions sacrées sans l'autorisation du gouverneur est passible, chaque fois, d'une amende de 1 à 100 thalers (§ 23).

La deuxième loi avait pour objet « le pouvoir disciplinaire ecclésiastique et la création d'une haute

Cour de justice pour les affaires d'ordre religieux ».
Elle statue que le pouvoir disciplinaire ecclésiastique ne peut être exercé que par les autorités ecclésiastiques de nationalité allemande (§ 1) et établit
par conséquent, en matière de discipline, le schisme
avec Rome. Suit une longue série de restrictions et
d'entraves apportées à l'exercice du pouvoir épiscopal et destinées à couvrir les délinquants, que l'Etat
prend officiellement sous sa protection, restrictions
parfaitement inutiles en fait, puisque le recours à l'Etat
(§ 10) permet à qui le veut d'éluder les sentences de
l'autorité ecclésiastique. A cet effet, une cour royale
laïque, composée de onze membres, est érigée en cour
suprême pour juger tous les conflits d'ordre religieux
portés à sa barre, même les accusations portées
par les pénitents contre leurs confesseurs. Les gouverneurs de province peuvent y déférer d'office les
évêques et les prêtres qui ne suivent point leurs injonctions ou leurs caprices et obtenir leur destitution. Enfin « les fonctionnaires ecclésiastiques qui
rempliraient une fonction quelconque après leur
déposition légale, sont passibles d'une amende de
1 à 100 thalers. »

Le troisième projet « sur la sortie de l'Eglise »
venait au secours des apostats et entourait leur défection des soins les plus bienveillants comme les
plus vigilants au point de vue des impôts, taxes ou
prestations. Etaient exigés seulement « pour la confection de la déclaration de sortie la somme de 5
silbergroschen (60 centimes) et le timbre (§ 8). »

Enfin le dernier projet de loi « sur les limites

de l'emploi des moyens de punition et de correction dans l'église » interdisait aux évèques — comme si le fait avait jamais eu lieu ! — d'infliger aux laïques tout châtiment corporel, toute punition atteignant la fortune et l'honneur des citoyens. Visiblement, cette loi n'avait d'autre but que d'égarer l'opinion (1).

Les premiers débats sur les projets de loi ministériels s'ouvrirent à la Chambre des députés, le 16 janvier. Il ne fut pas difficile aux orateurs du Centre, Auguste Reichensperger, Windthorst, Bruel, Mallinckrodt, de montrer aux moins clairvoyants que toute cette législation ne poursuivait qu'une œuvre de haine et de persécution, une basse et lâche vengeance, et qu'elle était par ailleurs en contradiction flagrante avec les articles 15 et 18 de la Constitution prussienne. Falk avait fait parade trop vite de son arrogance, en déclarant dès l'abord aux députés catholiques que tous leurs discours seraient vains et qu'ils n'enlèveraient pas un suffrage à la majorité. C'était déclarer insolemment que la justice et la raison n'avaient rien à voir dans ce complot. Toutefois il fallut bien se rendre à l'évidence des faits et reconnaître que la Constitution, dont on se souciait trop peu, s'opposait à l'adoption de ces articles si mal formulés.

Mais au parti libéral, qu'importait la Constitution ? Si la charte fondamentale du pays ne s'accordait

(1) Cf. Dom CHAMARD. — *Annales ecclésiastiques*, 1869-1873, p. 737 sq.

point avec les secrètes pensées des sectaires, il n'y avait qu'à en modifier convenablement le texte. Ainsi fut-il, en effet, décidé. L'article 15 de la Constitution garantissait l'autonomie de l'Eglise catholique et des Eglises protestantes ; on y ajouta cette clause restrictive : « Les églises sont soumises aux lois de l'Etat et, dans les limites assignées par le pouvoir législatif, à la surveillance du gouvernement. » L'article 18 laissait à la libre disposition de l'Ordinaire, toutes réserves faites des droits de patronat, la nomination aux postes ecclésiastiques. Une clause additionnelle établit que les Chambres n'entendaient point se départir du droit « de déterminer ultérieurement les attributions de l'Etat par rapport à l'éducation, à la nomination et à la révocation des ecclésiastiques » et du droit de fixer également « les limites du pouvoir disciplinaire de l'Eglise. » Ces modifications, hâtivement rédigées et dès le 30 janvier soumises à la Chambre par la commission, furent discutées et adoptées en troisième lecture, dans la séance du 4 février ; elles furent revêtues de la sanction royale le 5 avril 1873.

Mais le prince de Bismarck, dont le génie planait au-dessus de la légalité, n'avait point attendu, pour faire passer au Landtag ses projets, que les clauses modifiant les articles 15 et 18 de la Constitution fussent assurées de leur effet juridique. Avant même que les Seigneurs eussent émis leur vote sur les articles revisés par la première Chambre, le ministre Falk revenait à la charge auprès des députés et pressait l'adoption anticipée de ses propositions de loi ! « Si vous attendez, Messieurs, nos lois ne pourront être prêtes cette année. Votez toujours, vos suffrages auront leur valeur, lorsque la revision de la Constitution sera également achevée (1). » Et les députés, dociles au mot d'ordre, votèrent d'emblée dès le 7 mars les quatre projets, sans que le Centre pût trouver le moyen d'intervenir utilement dans les débats. Mais Malinckrodt résuma la situation d'un mot qui piqua au vif le chancelier : « A quoi bon tant de paragraphes ? Un seul suffit ! désormais le chancelier de l'Empire allemand fixera le dogme, la constitution et la discipline de l'Eglise catholique dans l'Allemagne prussienne. » On ne pouvait toucher plus juste.

Il était moins facile d'enlever le vote, de haute lutte, à la Chambre des Seigneurs. Bismarck mit en œuvre toutes les souplesses de sa parole, tira de son carquois ses meilleures boutades et s'éleva d'un coup d'aile jusqu'à la haute éloquence, évoquant, dans cette querelle du Sacerdoce et de l'Empire, l'ombre sanglante de Conradin, Agamemnon, « et le divin Calchas. » Surtout il eut soin de renforcer le groupe de ses séides, en décidant l'empereur à élever immédiatement à la pairie 24 membres nouveaux, choisis parmi les plus chauds partisans de la politique jacobine ! c'était assurer le succès, sans aucun doute, et les magnifiques discours du comte Bruehl et du comte Landsberg, surtout du protestant Gruner, du comte de Lippe, ancien

_____

(1) Dom Chamard. — *Annales eccl.*, 1873-1879, p. 17.

ministre de la Justice, du baron de Manteuffel, ancien président du conseil, n'arrivèrent point à entamer le « bloc ». Le 1er mai, les lois Falk étaient adoptées par le Landtag. Presque aussitôt elles furent signées par le roi Guillaume, dans l'ordre suivant :

Le 11 mai, la loi sur l'éducation du clergé et la nomination aux postes ecclésiastiques ;

Le 12 mai, la loi sur l'autorité disciplinaire de l'Eglise et sur la formation d'une Haute Cour de justice connaissant de tous les conflits, en matière religieuse ;

Le 13 mai, la loi sur la limite des pouvoirs ecclésiastiques en matière pénale ;

Le 14 mai, la loi sur la sortie de l'Eglise.

Ces quatre lois parurent le 15 mai au *Moniteur officiel*; de là leur nom, tristement célèbre, de *lois de mai.*

CHAPITRE IV

La résistance. — Intervention des évêques. — Déclarations du clergé. — Agitation populaire. — La noblesse. — L'élection de Neustadt. — L'association générale des catholiques allemands. — Les « catholiques d'Etat ».— La Haute Cour ecclésiastique. — Examens du clergé. — Journalistes emprisonnés. — Reinkens.

L'épiscopat prussien n'avait point attendu la promulgation des lois de mai pour dénoncer au pays les graves dangers qui menaçaient la religion catholique et les malheurs qui allaient en résulter pour le royaume. Dès qu'ils eurent connaissance des projets dirigés contre leur saint ministère et contre les droits les plus sacrés de l'Eglise, les prélats adressèrent au gouvernement un mémoire détaillé et précis où ils relevaient avec la plus parfaite clarté toutes les injustices, mal déguisées sous les formules, et toutes les conséquences funestes d'une pareille législation.

Le 5 février, au lendemain du premier vote hostile de la Chambre, une adresse collective, signée de tous les évêques et résumant les principaux traits du mémoire, fut envoyée aux présidents du Landtag, dans le but de démasquer au grand jour les visées secrètes des projets du gouvernement et d'affirmer bien haut leur absolue inefficacité. « Car, disaient intrépidement les quinze signataires, si ces projets, qui sont en opposition directe avec les prescriptions et l'essence même de l'Eglise, venaient à être adoptés, pas un catholique, et encore moins un prêtre ou un évêque, ne pourrait les reconnaître ni s'y soumettre volontairement, sans léser gravement sa foi. »

Bismarck pensait, à part soi, que ces quinze vieillards n'étaient guère en mesure de tenir tête au tout-puissant arbitre de l'Europe et que leur résistance ne dépasserait point, sans doute, celle du roseau devant la tempête. L'idée qu'il pourrait bien un jour aller lui-même à Canossa, l'eût fait sourire alors ; cependant il n'était pas extrêmement difficile, à quiconque avait parcouru tant soit peu l'histoire des persécutions et ne considérait point

à la légère cette noble attitude de l'épiscopat prussien, de prévoir et d'affirmer que la force brutale,
fût-elle aux mains du chancelier de fer, viendrait
se briser une fois de plus contre le droit. Une lettre
circulaire adressée le 2 mai par les évêques de Prusse
au clergé et aux fidèles de leurs diocèses, l'annonçait
sans détour, avec une apostolique fermeté : « Les
projets en question n'ont pas encore force de lois ;
quoi qu'il arrive cependant, avec la grâce de Dieu
nous défendrons unanimement et constamment les
principes exposés dans nos mémoires, ces principes
étant non pas les nôtres, mais ceux du Christianisme
lui-même et de l'éternelle justice. Nous accompli-
rons ainsi notre devoir pastoral afin qu'à l'heure de
la mort, devant le tribunal du divin pasteur qui
nous a appelés, et qui a donné lui-même sa vie pour
ses brebis, nous ne soyons point rejetés comme des
mercenaires (1). »

Le jour même où les lois Falk, revêtues de la sanction royale et promulguées dans le pays, entraien
en vigueur, le 16 mai 1873, une déclaration de tout
l'épiscopat prussien au ministère d'Etat paraissait
également, affirmant de nouveau le droit impres-
criptible des consciences et l'impossibilité morale
de se soumettre à ces lois de persécution, « L'Eglise
ne peut pas reconnaître le principe de l'Etat païen,
d'après lequel, les lois civiles étant la source unique
de tous les droits, il ne reviendrait à l'Eglise que
la part de liberté *concédée* par la législation et par
la Constitution de l'Etat. Elle ne peut reconnaître

(1) Janiszewski. — *Op. cit.*, p. 245.

une telle prétention, sans renier la divinité du Christ, la céleste origine de sa doctrine et de son institution, sans faire dépendre le christianisme lui-même de l'arbitraire des hommes (1). »

Heureux de suivre ces vaillants exemples, le clergé et les catholiques s'organisèrent pour une résistance effective. Tous les chapitres, tous les doyennés, presque tous les prêtres transmirent aux évêques, par des députations ou par des adresses, leurs hommages émus et cependant joyeux, en même temps que l'assurance de leur inébranlable fidélité dans les tribulations de l'avenir. Et comme la presse juive ou libérale annonçait déjà que les défections commençaient à se produire dans le clergé, des groupes fort nombreux d'ecclésiastiques n'hésitèrent point à publier dans les journaux de brèves et vives professions de foi, qui coupaient court aux pronostics malveillants. Voici, à titre d'exemple, le manifeste du clergé de Francfort-sur-l'Oder :

« Déclaration. Avec la grâce de Dieu nous avons été jusqu'ici des prêtres catholiques-romains sachant ce que c'est que le devoir : nous resterons à l'avenir ce que nous sommes, *in cruce et angustiis.*

« Ceci, à titre d'avis public, pour ceux qui gardent la crainte ou l'espoir de voir apparaître parmi nous un Judas vieux-catholique ou néo-protestant.

« Le clergé des paroisses de Francfort-sur-l'Oder... (suivent les signatures). »

Une si touchante et si unanime manifestation de

(2) Dom CHAMARD. — *Op. cit.*, p. 27.

foi et de courage dans les rangs du clergé ne pouvait manquer d'émouvoir profondément le peuple. Toutes les illusions dont s'étaient bercés les esprits touchant les sentiments d'équité du gouvernement prussien se dissipèrent aussitôt, comme les fantômes d'un rêve. La réalité se dégageait à tous les yeux, dans sa sombre tristesse, avec des perspectives indéfinies d'oppression et de deuil. Mais les catholiques allemands, hommes de cœur et de résolution, depuis longtemps habitués à la lutte, ne se laissèrent point abattre ni intimider un seul instant. De toutes parts affluèrent les adresses de félicitations et d'attachement aux évêques, les protestations indignées contre l'injustice et la déloyauté du gouvernement. La noblesse prit la direction du mouvement, multiplia les meetings, fonda des journaux populaires, institua des comités pour les prochaines élections et convoqua pour les premiers jours de juin une importante réunion des membres de l'Association générale des catholiques.

Ce fut un splendide réveil de tout un peuple (1). Le 20 mai, une élection législative devait avoir lieu à Neustadt et contre le candidat du Centre s'étaient unis, plus ardents que jamais, tous les partis de gauche et de droite. Au reste, le député sortant, comte Oppersdorf, appartenait au « bloc » ministériel ; en 1871, il avait battu son adversaire du Centre avec une majorité de plus de 5 000 voix et le gouvernement l'appuyait cette fois de tout son crédit, sans regarder aux moyens. Raison de plus pour les

(1) Cf. MAJUNKE. — *Op. cit.*, p. 95.

catholiques de reprendre les armes avec plus de vigueur, sur une base nouvelle ; un homme d'action intrépide et de grand caractère, le comte Frédéric de Stolberg-Stolberg, acceptant par pur dévouement la candidature qui lui était offerte au nom du Centre, se résolut à porter tout d'abord la lutte sur son vrai terrain, qui est en ces temps de crise le terrain religieux beaucoup plus que le terrain politique, et consacra uniquement ses efforts, qu'il ne ménagea point, à éclairer l'esprit du peuple si perfidement égaré. Le résultat fut une éclatante victoire des catholiques : le comte Stolberg recueillait 6 427 suffrages et le ministériel, honteusement battu, 2 155 voix.

Aussi, l'Association générale des catholiques allemands, après avoir réuni pour une discussion d'ensemble les différents comités, jugea-t-elle urgent de pousser dans cette voie, et d'un élan suprême, cette guerre d'affranchissement, en recourant à tous les moyens légaux pour défendre sa cause, à tous les sacrifices pour créer et faire triompher aux élections un parti vraiment catholique. Un manifeste rédigé par le comte Félix de Loë, président, transmit le mot d'ordre à toute l'Allemagne, et annonça que l'assemblée générale avait placé solennellement les comités catholiques sous la protection des Saints Cœurs de Jésus et de Marie. « Si nous mettons notre confiance dans ce Sauveur odieusement renié par notre siècle, nous ne serons pas confondus. »

Il va de soi que le gouvernement mit tout en œuvre pour étouffer dans son germe une résistance aussi active, dont il était grandement étonné. Il essaya d'abord d'opposer la noblesse à la noblesse et grâce à l'entremise d'un gentilhomme catholique, dont l'honneur n'était pas immaculé, le prince de Ratibor, il fit adresser à l'empereur, le 14 juin 1873, par quelques seigneurs silésiens, une adresse, qui reçut aussitôt et garda le nom d'*Adresse des catholiques d'État*, où le droit était reconnu au gouvernement impérial de mettre l'Eglise en tutelle. La ruse demeura sans effet. On se hâta dès lors, en réponse aux déclarations des évêques, de procéder à l'institution de la Haute Cour ecclésiastique (23 juin), composée de neuf protestants et de deux catholiques, Dooc et Forckenbeck, voués surtout au culte de Bismarck. Enfin, le 26 juillet, parut, contre le clergé, le programme de l'examen universitaire auquel étaient astreints tous les candidats aux fonctions ecclésiastiques.

Mais c'est surtout à l'endroit des réunions publiques et des meetings populaires que la police exerça son infatigable activité, surveillant de près les orateurs, molestant les auditeurs, prenant des noms et, selon le caprice ou le degré de zèle, prononçant la dissolution de l'assemblée. Tandis que des sommes considérables, prises sur le *Fonds des reptiles*, étaient allouées aux feuilles maçonniques et libérales, les journaux catholiques, alors en voie d'organisation, se trouvaient en butte à toutes les vexations mesquines, à toutes les tyrannies du pouvoir. Plusieurs rédacteurs, entre autres le Dʳ Majunke, de la *Germania*, payèrent de la prison leur ardeur à soutenir le bon combat.

Emu de tant d'iniques entreprises, le pape Pie IX, par lettres du 7 août 1873, avait adressé doucement ses plaintes à l'empereur Guillaume, dont il avait reçu jadis les plus beaux témoignages de bienveillance et de respect. Guillaume, après avoir soumis ce document confidentiel aux commentaires malveillants de la presse, expédia de Berlin, le 3 septembre, une réponse rogue et insidieuse, où il déclarait sans ambages que toute la responsabilité de cette lutte ouverte contre l'Eglise lui revenait de droit. Le ministère eut soin de répandre par milliers, dans tous les coins protestants de la Prusse, cette *Correspondance de l'Empereur avec le Pape*, dont les gouverneurs de province eurent ordre de se servir, comme d'un puissant moyen d'agitation électorale.

Pendant ce temps, la secte des Vieux-Catholiques était officiellement protégée par l'Etat dans sa lutte contre l'Eglise, et pour mieux induire le peuple en erreur, une ordonnance ministérielle de Falk, à la date du 2 septembre, prescrivit de n'établir aucune différence dans les établissements d'instruction entre les Vieux-Catholiques et les catholiques romains et de donner indistinctement à tous le nom de catholiques. L'empereur poussa plus loin encore dans cette voie. Le professeur Reinkens, de Breslau, ayant été choisi par ses coreligionnaires comme « évêque allemand » et ordonné par les évêques jansénistes de Deventer et de Harlem, Guillaume décida, par un acte officiel, communiqué le 19 septembre à tous les gouverneurs de province, que l'évêque Reinkens faisait partie de l'Eglise catholique : « Nous, Guillaume, par la grâce de Dieu, roi de Prusse, etc., annonçons par les présentes que nous reconnaissons et *voulons que soit reconnu comme évêque catholique* le docteur Joseph-Hubert Reinkens, professeur ordinaire à la Faculté de théologie de Breslau... »

L'empereur se faisait pape.

CHAPITRE V

Les violences. — Les évêques en correctionnelle. — Le Mobilier épiscopal à l'encan. — Prêtres incarcérés. — Le Centre et les élections de 1873. — Vengeance de Bismarck. — Lois nouvelles. — Fière attitude de Windthorst. — Les évêques en prison. — Protestations de l'épiscopat. — Touchantes manifestations.

Aux lois de persécution qui violentaient les consciences, le clergé répondit par la résistance passive : les évêques continuèrent comme par le passé, sans nul souci de la législation nouvelle, à remplir les devoirs de leur charge. Invités à soumettre à l'approbation du gouvernement les plans d'études de leurs séminaires et l'état du personnel, Mᵍʳ Martin, évêque de Paderborn, et Mᵍʳ Ledochowski, archevêque de Posen, refusèrent d'obéir à ces exigences ; ils furent cités aussitôt en correctionnelle et condamnés à 200 thalers d'amende. Le 28 août, Mgr Kœlt, évêque de Fulda, se voit frappé d'une amende de 400 thalers, pour nomination à un poste ecclésiastique. Le même jour, Mgr Ledochowski, pour le même crime, est condamné à payer 200 thalers. Le 8 octobre, nouvelle condamnation à une amende de 800 thalers. Mgr Melchers, archevêque de Cologne, Mgr Brinkmann, évêque de Munster, Mgr Blum, évêque de Limburg, et successivement tous les évêques de Prusse sont frappés des mêmes peines.

Les amendes succèdent aux amendes; il faut opérer des saisies dans les palais épiscopaux, comme à Munster, mettre à l'encan chevaux et voiture, comme à Posen, sans arriver à satisfaire l'avidité des tribunaux. A la fin de cette année 1873, Mgr Ledochowski voyait s'élever le chiffre total des amendes qu'il avait encourues, à plus de 100 000 francs.

De leur côté, les ecclésiastiques, coupables de dire la messe et d'administrer les Sacrements sans l'autorisation du gouverneur, étaient traqués par la police comme d'insignes malfaiteurs, saisis et jetés en prison. C'est à peine si les forteresses et les cachots du royaume suffisaient, après quelques mois de ce régime féroce, à contenir les escouades de prêtres amenés chaque jour par les gendarmes, pêle-mêle avec les escrocs et les repris de justice, aux mains des geôliers ; et pourtant le gouvernement s'inquiétait, trouvant que son système de lois manquait d'efficacité et de précision.

Bismarck résolut de faire mieux. Il avait mis tout

en œuvre pour arrêter dès le début l'essor du mouvement catholique et pour faire échouer aux élections du Landtag le parti du Centre, qui était visiblement l'objet de ses plus anxieuses préoccupations. Mais les catholiques s'étaient dévoués corps et âme à l'œuvre de la résistance légale; ils eurent la joie de saluer bientôt leur premier triomphe : le 4 novembre 1873, le Centre, sans rien perdre de ses positions acquises, gagnait 37 sièges nouveaux, ce qui lui donnait désormais 89 voix à la Chambre. L'humiliation du chancelier fut profonde et l'on entendit gronder sourdement sa colère.

En conséquence, l'année 1874 fut employée à imaginer de nouveaux plans de guerre, mais il s'agissait cette fois d'une guerre d'extermination. Au reste, le parti libéral ne cachait plus ses desseins. « Que la lutte actuelle entre l'Eglise et l'Etat, disait Hartmann dans un écrit sur la *Décomposition du Christianisme*, soit réellement une lutte à mort, c'est ce que ne peut manquer de reconnaître tout homme sensé qui sait distinguer le but inconscient de l'histoire des projets et des intentions des hommes (1). »

Les catholiques ne purent se méprendre sur les intentions du chancelier, quand, à l'ouverture du Landtag, le 14 novembre, le discours du trône s'en prit à « la résistance des évêques de l'Eglise catholique romaine » et, signalant « la grande douleur du gouvernement », annonça une série de mesures plus sévères encore que les dispositions prises par l'Etat jusqu'à cette heure.

(1) Cf. KETTELER, — *Cullurkampf*, p. 27 sq.

Quelles pouvaient être ces mesures draconiennes, mystérieusement prédites en si solennelle occasion ? Falk ne tarda point à les porter à la connaissance de la Chambre, en déposant divers projets de loi ayant pour but de compléter et de corriger la législation en vigueur. Il se trouvait que la rédaction de la loi du 11 mai sur « la nomination aux postes ecclésiastiques » n'arrivait point à donner pleine satisfaction au gouvernement. Car le texte portait seulement que les nominations ecclésiastiques devaient être soumises au gouverneur de province et que celui-ci avait un délai de trente jours pour opposer son veto. Naturellement les évêques se gardaient bien de se conformer à d'aussi injustes prétentions, de sorte que le gouverneur apprenait généralement par la police, mais après le délai officiel des trente jours, l'installation d'un nouveau curé ou vicaire dans un poste vacant, car ces installations se faisaient sans bruit. Son droit de veto n'avait plus dès lors l'occasion de s'exercer et les tribunaux acquittaient généralement les prêtres poursuivis de ce chef.

Cette loi reçut « une interprétation et un supplément » dont la teneur fut publiée le 21 mai 1874. Désormais les citoyens jouissant du droit de patronat pouvaient fournir eux-mêmes de titulaires les postes ecclésiastiques vacants ; si, dans le délai d'un an, le poste n'était pas encore pourvu, le droit d'élection passait aux paroissiens majeurs, régulièrement convoqués par le sous-préfet ou par le bourgmestre.

La loi du 12 mai 1873 paraissait également incomplète au gouvernement prussien, car le Landtag n'avait point encore établi de dispositions légales pour régler la transmission des pouvoirs au cas où un évêque viendrait à être déposé de sa charge par un acte de la Haute Cour ecclésiastique de Berlin. Une loi nouvelle fut promulguée le 20 mai 1874 sur « l'administration des évêchés vacants. » En cas de vacance du siège épiscopal, le gouverneur de province devenait l'arbitre du diocèse : c'est à lui que revenait le droit d'agréer le nouvel administrateur, de convoquer le chapitre pour l'élection d'un vicaire-capitulaire, de confisquer la mense épiscopale, si le chapitre refusait d'obtempérer à ses injonctions, et de nommer lui-même un commissaire-administrateur chargé tout à la fois de l'administration du diocèse, de la gérance des biens ecclésiastiques et des nominations aux cures, vicariats et autres postes.

Une autre loi, plus violente encore, « sur le bannissement du clergé » avait été présentée au Conseil fédéral du Reichstag, alors que les Chambres prussiennes discutaient déjà les deux lois précédentes. Seul le Parlement d'Empire était compétent en cette matière. En quelques jours fut votée cette loi d'exception extrêmement grave, qui enlevait au clergé catholique toutes les libertés constitutionnelles de domicile et d'indigénat communes à tous les citoyens de l'Empire et qui permettait aux autorités administratives non seulement de reléguer les prêtres mais encore, sous le simple motif d'une instruction judiciaire, de les bannir du territoire allemand (1).

(1) Kosiolek. — *Les lois de mai en Prusse*, dans la *Revue générale*, 1882, p. 89.

Enfin, une circulaire ministérielle du 30 septembre 1874 vint achever cette législation barbare, en attribuant à l'État le droit de procéder « à la formation et à la circonscription de nouvelles paroisses catholiques. » On voulait assimiler ainsi l'Église romaine aux conditions d'existence des églises évangéliques et empêcher l'établissement de missions catholiques dans l'Allemagne du Nord.

Pour conjurer cette reprise violente des hostilités, cette guerre désormais sans merci, tous les efforts avaient été vains, toutes les pétitions rejetées, toutes les remontrances foulées aux pieds. C'est à grand'peine que Windthorst réussit à prendre la parole à la Chambre et à se faire écouter de la majorité. Et que dire à une meute aux abois qui pousse des cris effrayants en déclarant qu'elle veut la paix et qu'elle protége la liberté et tous les droits ? « La paix ? s'écria Windthorst. Vous dites, Messieurs, que vous désirez la paix ; croyez-vous, en conscience, qu'avec les moyens que vous proposez, vous l'obtiendrez ? Je puis vous en donner l'assurance, malgré le tranchant de cette arme, vous n'atteindrez pas votre but... Vous vous trompez bien, si vous supposez que vous ayez le pouvoir de nous envoyer des prêtres. Vous vous trompez, si vous supposez que nous les accepterons et que, privés de véritables prêtres, nous ne saurons pas pourvoir à toutes les nécessités. Vous avez le pouvoir de nous tourmenter, de nous rendre la situation fort dure, vous avez le pouvoir de blesser nos cœurs, mais vous n'avez pas le pouvoir de nous arracher notre foi, et quand vous aurez fermé toutes nos églises, nous tiendrons nos réunions dans les forêts, nous ferons comme les catholiques de France pendant le règne des Jacobins (1). »

Magnifiques paroles auxquelles les catholiques allemands ne donnèrent point le démenti !

Et le mot n'était pas trop fort : le règne de la Terreur venait bien de commencer en Prusse. Déjà le 3 février de cette année lugubre, entre trois et quatre heures du matin, les sbires du gouvernement avaient mis la main sur l'archevêque de Posen, M⁅ᵍʳ⁆ Ledochowski, pour le traîner dans la prison d'Ostrow. Le 7 mars, jour où fut promulguée la loi sur le mariage civil, M⁅ᵍʳ⁆ Eberhard, évêque de Trèves, était frappé du même sort, et le 31 mars, venait le tour du vénérable archevêque de Cologne, M⁅ᵍʳ⁆ Melchers. Le 15 avril, M⁅ᵍʳ⁆ Ledochowski était « destitué » par ordre de la Haute Cour ecclésiastique.

Dès que l'arrestation de l'archevêque de Posen fut connue, l'épiscopat prussien, dans une « protestation » adressée au clergé et aux fidèles de l'Eglise d'Allemagne, fit entendre la plus ferme justification de son attitude et le plus touchant appel à la fidélité de ses ouailles, « Souffrez tout, supportez tout plutôt que de renier votre foi dans le moindre de ses dogmes et de ses commandements. Bientôt peut-être viendront des temps, et pour plusieurs d'entre vous ils sont déjà venus, où vous aurez à montrer au monde, vénérables prêtres du Seigneur, que vous êtes vraiment prêtres, non seulement par l'offrande

(1) Janiszewski. — *Op. cit.*, p. 365.

du mystérieux sacrifice de la nouvelle alliance, mais, à l'exemple du divin Maître, par l'immolation de vous-mêmes, comme gages de la vérité des enseignements et de la liberté de l'Eglise de Dieu (1). »

Le clergé et le peuple répondirent généreusement à cet appel. D'importantes manifestations catholiques eurent lieu successivement à Cologne, à Trèves, à Coblentz, à Aix-la-Chapelle, à Munster, à Paderborn, et dans toutes les grandes villes catholiques. Le peuple des campagnes affluait aux lieux de pélerinage pour faire violence au ciel, ou auprès des autorités ecclésiastiques pour affirmer que tous gardaient au cœur la foi des ancêtres. Dans toutes les églises se succédait sans interruption la foule de ces braves chrétiens, qui avaient entendu et parfaitement compris l'instante recommandation de leurs évêques : « Ne vous laissez jamais ébranler dans votre confiance en Dieu et mettez tout votre espoir dans la prière. »

Ne fallait-il pas que le jour fut proche ou tant de foi, tant de générosité obtiendraient à ce peuple la victoire ?

(1) *Ib.*, p. 348.

CHAPITRE VI

Dernières mesures. — Les catholiques et le pape. — *Loi du panier au pain.* — Achèvement de l'œuvre. — Attentats de Hoedel et Nobiling. — Les fruits du Culturkampf. — A Canossa !

Depuis le commencement de la persécution, cinq évêques avaient été emprisonnés, sans parler des amendes qui n'épargnaient personne (1), quatorze cents prêtres étaient incarcérés ou poursuivis, tous les séminaires se trouvaient fermés, un grand nombre de traitements ecclésiastiques restaient confisqués, et la vengeance du chancelier n'était point assouvie.

Le 4 décembre 1874, Bismarck avait cru pouvoir couronner son œuvre en supprimant l'ambassade allemande près le Vatican, et les catholiques avaient répondu à cette nouvelle brutalité par une émouvante adresse envoyée au Souverain Pontife et signée de tous les fidèles de l'Empire. Pie IX, le 5 février 1875, apportait à son tour aux catholiques allemands, par une encyclique adressée à l'épiscopat prussien, les plus douces paroles de consolation avec les plus fermes assurances de victoire.

A ces solennels témoignages de filial dévouement et de tendresse paternelle qui unissaient dans une

(1) L'évêque d'Osnabruck seul avait échappé aux amendes.

même âme le père de la chrétienté et les fils, Bismarck, plus implacable que jamais, répondit par le sarcasme et par une nouvelle série de circulaires ou de lois tyranniques.

N'ayant réussi par aucune mesure à vaincre la résistance du clergé et du peuple catholique et ne comprenant pas qu'il pût y avoir du Rhin à la Vistule, des Alpes à la Baltique, un mortel assez hardi pour résister à sa volonté et pour mettre sa politique en échec, il résolut de venir à bout de cette invincible opposition par un moyen nouveau et radical, la famine. La loi du 22 avril 1875, « concernant la retenue du temporel », suspendit à cet effet tous les traitements que l'État était tenu en stricte justice à payer au clergé, à titre d'indemnité pour les anciennes spoliations ecclésiastiques, dites sécularisations. Aux prêtres qui se soumettraient à l'État, même en secret, promesse était faite en bonne et due forme de restituer l'allocation. On nomma cette loi d'un nom caractéristique : *Brodkorbgesetz, — loi du panier au pain* (1).

Bientôt le ministre Falk, qui était le défenseur officiel de toutes ces lois odieuses, prescrivit, à la date du 13 mai 1875, de recourir à l'autorisation de l'État pour toutes les ventes et aliénations de biens ecclésiastiques et de fondations pieuses. On craignait que le clergé, privé de ses émoluments, n'eût re-

---

(1) Cf. KANNENGIESER. — *Les traitements ecclésiastiques supprimés et rétablis en Prusse,* dans le *Correspondant,* 25 avril 1891, p. 249 sq.

cours au produit de ces biens pour en retirer sa subsistance.

Une loi en somme assez anodine du 20 Juin 1875 émit la prétention de régler « l'administration du temporel des paroisses catholiques, » C'est le pendant de la loi française sur les fabriques. Le but avoué était de diminuer l'influence du curé et de « démocratiser les paroissiens à la façon des protestants (1) » ; toutefois les évêques, désireux comme toujours de montrer leur esprit de conciliation dans la limite du possible, acceptèrent sans se plaindre les conditions de cette loi.

Mais bientôt après, une mesure des plus perfides vint jeter de nouveau l'alarme dans les consciences et le trouble dans les paroisses. Pie IX, par un bref en date du 12 mars 1873, avait interdit aux catholiques allemands de communiquer avec les Vieux-Catholiques en tout ce qui regardait le culte. Le parti libéral jugea utile d'exploiter cette situation et vota, le 4 Juillet 1875, une loi réglant « les droits des Vieux-Catholiques aux biens d'églises. » Assimilés en tout aux catholiques romains, les Vieux-Catholiques étaient autorisés désormais à revendiquer leur part à l'usufruit des biens paroissiaux, à employer à leur usage les églises et les ornements ecclésiastiques. Qu'un vicaire ou un curé vienne à passer aux Vieux-Catholiques, il gardera son bénéfice et à sa mort l'église appartiendra aux Vieux-Catholiques, s'ils se trouvent en majorité. C'est

(2) Kosiolek. — *L. c.,* p. 91.

ainsi que dans un grand nombre de villes, à Bochum,
à Wiesbaden surtout, les catholiques furent expulsés
définitivement de leurs églises par une infime mino-
rité de sectaires.

Enfin, et c'étaient là les dernières mesures de
violence, une circulaire ministérielle du 18 février 1876 enleva au prêtre le droit de diriger
« l'instruction religieuse catholique dans les écoles
primaires », pour le transférer à l'Etat, qui le délé-
guait officiellement à l'instituteur. Au curé était laissé
le soin de « l'instruction ecclésiastique. » Puis une loi
du 7 juin régla « le droit de surveillance de l'Etat sur
l'administration des biens de l'Eglise catholique. »
Par là s'achevait l'œuvre édifiée avec tant de peine,
d'une Eglise nationale. L'empereur, ayant tout pouvoir sur les personnes et sur les choses, croyait devenir en Prusse le *summus episcopus* de l'Eglise catholique : il avait compté sans les jugements de
Dieu, ce vieillard. Il eut beau destituer les évêques
de Paderborn, de Münster, de Cologne, de Limburg, l'archevêque de Posen et son coadjuteur ;
vainement il proscrivit les prêtres et les entassa
dans les prisons où les réduisit à la misère, le
nombre des apostats qu'il put rallier à son Eglise
impériale est minime et ne compte pas, tandis que
les catholiques, toujours plus unis, plus généreux
et mieux organisés, sentaient se réveiller leur foi
au contact de l'épreuve et donnaient au monde le
plus grandiose exemple d'énergie, de piété profonde et d'héroïque fidélité à Dieu. « Le Culturkampf est à son zénith, disait alors triomphalement

le chancelier ; il y restera. » Or douze mois plus tard, le socialiste Hoedel attentait à la vie de l'empereur (11 mai 1878) et Nobiling, bientôt après, se hâtait de renouveler le même crime (2 juin).

C'était le fruit de toute cette longue campagne où la haine des sectaires ne laissa rien debout de tout ce qui peut rendre forts les empires et maintenir la société sur ses bases. Seuls les catholiques avaient conservé dans leur âme, avec l'énergie de leurs convictions et la vaillance de leur foi, le respect de l'autorité et le dévouement à la chose publique ; seuls ils étaient à même de rendre un peu de vie morale à ce peuple qui se sentait périr. Il avait suffi de bien peu d'années pour mettre en suspicion chez les protestants eux-mêmes jusqu'à l'idée de religion. A Berlin, sur 12 000 mariages protestants, 9 000 environ étaient de simples mariages civils ; les temples étaient déserts ; les pasteurs prenaient ouvertement parti contre la divinité du Christ ; partout baissait à vue d'œil, comme sur un mystérieux commandement, le niveau de la moralité populaire.

Aussi les plaintes des protestants étaient-elles amères, comme les récriminations, et la *Gazette de la Croix*, organe des conservateurs orthodoxes, les résumait toutes dans ces mots qui contenaient sa propre condamnation et celle de son parti : « C'est sur la route du Culturkampf que nous avons rencontré toute notre misère morale et matérielle, misère qui se manifeste dans toutes les parties de l'Empire allemand. Ce n'est qu'en renonçant au

Culturkampf et en abandonnant le courant qui l'a produit que nous sortirons de nos difficultés. Telle est notre opinion. Elle devient de plus en plus générale, et là où il y a la volonté, il y a les moyens (1). »

Le chancelier de fer se le tint pour dit ; quelques semaines plus tard, le 30 juillet 1878, il se rencontrait à Kissingen, avec Mgr Masella, délégué de Léon XIII ; c'était le chemin de Canossa.

(1) Dom CHAMARD. — *Op. cit.*, p. 750.

BIBLIOGRAPHIE

A la liste bibliographique insérée à la fin du tome I, ajouter les ouvrages suivants :

FRIEDBERG. — *Die Grenzen zwischen Staat und Kirche und die Garantieen gegen deren Verletzung.* Tubingen, 1872.

FRIEDBERG. — *Das deutsche Reich und die Katholische Kirche.* Leipzig, 1872.

KETTELER. — *Le Culturkampf ou la lutte religieuse en Allemagne.* Paris, 1875.

Dom CHAMARD. — *Annales ecclésiastiques,* 1869-1873 et 1873-1879. Paris, 1896.

BACHEM. — *Preussen und die Katholische Kirche.* Köln, 1885.

KOSIGLEK. — *Les lois de mai en Prusse,* dans la *Revue générale.* Janvier, 1882.

KANNENGIESER. — *Les traitements ecclésiastiques supprimés et rétablis en Prusse,* dans le *Correspondant,* 25 avril 1891.

René LAVOLLÉE. — *Le chemin de Canossa,* dans le *Correspondant,* 25 novembre 1902.

Emile OLLIVIER. — *L'Eglise et l'Etat au concile du Vatican.* Paris, 1880.

TABLE DES MATIÈRES

Saint-Amand (Cher). — Imprimerie BUSSIÈRE.